Grundkurs Hypnose

In zehn leichten Schritten zur

erfolgreichen Hypnose

Grundkurs Hypnose

In zehn leichten Schritten zur erfolgreichen Hypnose

© 2009 - I. M. Simon

ISBN: 978-3-8391-0170-4
Herstellung und Verlag:
Books on Demand GmbH, Norderstedt
Alle Rechte liegen beim Autor

Wichtiger Hinweis
Die Inhalte dieses Buches beruhen auf den praktischen Erfahrungen des Autors mit Hypnoseanwendungen und Psychotherapie im Zustand der Trance. Obwohl sich der Autor um größtmögliche Sorgfalt bemüht hat, können Fehler oder Missverständnisse in der Darstellung nicht vollkommen ausgeschlossen werden. Die therapeutische Arbeit mit Menschen sowie die Anwendung der Hypnose obliegen ausschließlich der Verantwortung des Hypnotiseurs. Es kann nicht ausgeschlossen werden, dass Teile dieses Buches falsch verstanden werden oder die Anwendung eines vorgestellten Verfahrens eine ungewünschte Reaktion beim Klienten bewirken kann. Eine Mitverantwortung des Autors besteht auch dann nicht, wenn unter Hinweis auf die Ausführungen dieses Buches mit einem Klienten gearbeitet wird.

Inhaltsverzeichnis

Vorwort

Hypnose scheint in den letzten Jahren eine sehr beliebte Methode der psychotherapeutischen Arbeit geworden zu sein. Viele Menschen besuchen Ausbildungskurse zur Hypnose- und Trancearbeit, um die notwendigen Techniken zu erlernen. Ich erlebe immer wieder, dass die meisten Kursteilnehmerinnen und Kursteilnehmer überrascht sind, wie einfach es im Grunde genommen ist, eine Trance einzuleiten. Ich sage dann immer allen, dass die eigentliche Kunst dann beginnt, wenn die gewünschte Trancetiefe erreicht ist. Dann nämlich kommt es darauf an, hilfreiche Suggestionen, Trancegeschichten oder andere Methoden so einzusetzen, damit dem Klienten in seinem Sinne auch geholfen wird. Hypnose ist weder Zauberei noch ein Schnellverfahren der Heilung. Es ist eine von vielen Methoden und sollte immer mit Respekt und Sorgfalt gehandhabt werden. Mit diesem Buch möchte ich Ihnen zeigen, dass es leicht ist, zu hypnotisieren, und ich möchte alle Interessierten dazu ermuntern, auszuprobieren und mit Freude an die Sache heran zu gehen. Vielleicht treffen wir uns ja auch einmal in einem Kurs oder einem Workshop. Wenn ich mit diesem Buch dazu beitragen kann, das Mysteriöse zu entzaubern, habe ich mein Ziel bereits erreicht. Denn Hypnose ist keine Grenzwissenschaft und auch kein billiger Hokuspokus. Es handelt sich um eine seriöse und zudem sehr interessante Möglichkeit der therapeutischen Arbeit, zu der ich Sie herzlich einlade!

Ingo Michael Simon
Juli 2009

Einführung

Wozu Hypnose?

Wenn Sie dieses Buch gekauft haben, stellen Sie sich diese Frage vielleicht gar nicht. Vermutlich wollen Sie einmal ausprobieren, ob Sie hypnotisieren können oder Sie suchen nach einer Kurzanleitung, nachdem Sie einen Hypnosekurs oder einen Workshop besucht haben. Ich möchte daher auch nur kurz auf diese Frage eingehen. Hypnose ist so alltäglich, dass man auch fragen könnte, warum man eigentlich ohne Hypnose arbeiten sollte. Das klingt jetzt möglicherweise etwas merkwürdig. Es stimmt aber. Der Zustand der Trance entsteht häufig auf ganz natürlichem Wege, beispielsweise bei der langweiligen Fahrt auf der Autobahn, beim Spazierengehen oder beim Musikhören auf der Couch. Wir alle kennen diese Entspannungszustände, aus denen wir nicht gerne herausgeholt werden. Wir sind zwar wach, würden jedoch am liebsten verharren, ohne uns zu bewegen oder irgendetwas tun zu müssen. Das sind Trancen! Hypnose ist eigentlich dasselbe, zumindest ist der Zustand, in den wir dabei versetzt werden derselbe. Hypnose nennt man das Ganze, wenn jemand da ist, ein Hypnotiseur oder Hypnosetherapeut, der uns gezielt in diesen Zustand versetzt. Dabei geht die Trance natürlich häufig tiefer als auf der Autobahn oder beim Naturwandern. Ein therapeutischer Vorteil des Trancezustandes besteht darin, dass Reize, die von außen kommen, weniger bedeutsam sind. Der Klient interessiert sich während der Hypnose nur noch wenig für die

Dinge oder Ereignisse um ihn herum. Damit kann er sich ganz auf die vom Therapeuten angesprochenen Inhalte und Themen konzentrieren und sich mit dem größten Teil seiner Energie darauf einstellen. Ein weiterer Vorteil der Hypnose liegt in der reduzierten Kritikfähigkeit während der Trance. Behauptungen des Hypnotiseurs oder Betrachtungsweisen und Vorschläge werden viel weniger kritisch hinterfragt als im hellwachen Zustand. Auf diesem Wege können Veränderung der Problemsicht des Klienten angeregt und stabilisiert werden. Das bedeutet jedoch nicht, dass der Klient willenlos ist oder einfach alles so übernimmt, wie es der Therapeut ihm sagt. Wenn das so einfach wäre, gäbe es vermutlich keine andere Form der Psychotherapie mehr neben der Hypnose.

Was kann ein Buch leisten?

Als Autor zahlreicher Bücher für angehende Heilpraktiker (Psychotherapie) sowie zur Hypnosetherapie vertrete ich durchgängig und konsequent die Ansicht, dass praktische Fähigkeiten auch immer praktisch erlernt werden sollten. Es ist sehr schwierig, auf der Basis eines reinen Theoriestudiums das praktische Vorgehen einer Psychotherapie- oder Hypnosesitzung sicher zu beherrschen. Das möchte dieses Büchlein auch nicht leisten. Auch keines meiner anderen Bücher zur Hypnose- und Trancearbeit. Mir geht es zunächst darum, zu zeigen, dass Hypnose keine Hexerei ist und dass auch Laien einmal ausprobieren sollten, einen Trancezustand herzustellen und zu begleiten. Denn so gefährlich, wie es immer wieder dargestellt wird, ist es nun wirklich nicht. Wenn Trancen alltäglich sind, und darüber streitet niemand, kann es nicht sehr viele Gefahren geben. Sonst müsste es ständig irgendwelche Unfälle oder Herzstillstände im Alltag geben, vor allem beim Ausruhen. Was heute Chill-out oder Relaxing genant wird, müsste als suizidal bezeichnet werden, wenn Trancezustände grundsätzlich gefährlich wären. Gleichzeitig müssen wir berücksichtigen, dass die Alltagstrance meist nicht so tief geht wie die hypnotisch eingeleitete. Insofern sind einige Besonderheiten zu beachten. Eine gezielte Trancesitzung sollten zumindest Anfänger nicht mit jedem Menschen machen.

Wen hypnotisieren und wen nicht?

Im Grund genommen ist es einfach. Als Anfänger sollten Sie nicht mit schwer kranken Menschen arbeiten. Achten Sie darauf, dass Ihre ersten Klienten gesund sind. Das gilt auch für den psychischen Zustand. Zur Behandlung kranker Menschen benötigen Sie ohnehin eine Erlaubnis, entweder als Heilpraktiker oder als Arzt. Wenn Sie diese Voraussetzungen erfüllen und gerne mit Hypnose arbeiten möchten, werden Sie vermutlich einen Ausbildungskurs besuchen oder sogar eine langfristige Ausbildung. Ich rate Ihnen das zumindest dringend. Wenn Sie als Berater oder Coach oder möglicherweise als Geistheiler mit Trancen arbeiten möchten, dürfen Sie das natürlich, ohne eine bestimmte Ausbildung gemacht zu haben. Achten Sie dann bitte darauf, dass Ihre Klienten nicht an schweren Depressionen oder an Psychosen leiden und nicht regelmäßig Drogen nehmen. Psychotische Zustände in der Vorgeschichte sowie Schlaganfälle sollten auch nicht vorgekommen sein. Überlassen Sie die Arbeit mit solchen Klienten den Heilpraktikern und Ärzten. Beachten Sie bitte, dass die Arbeit mit Hypnose und Trancezuständen immer in Ihrer eigenen Verantwortung liegt!

Ist jeder Mensch hypnotisierbar?

Die Antwort darauf wird schon langweilig, denn immer wieder gibt es die gleichen Gerüchte und Statistiken, die kein Mensch je nachgewiesen hat. Ich gebe daher die einzig richtige Antwort: *Jeder Mensch ist trancefähig! Jeder Mensch ist hypnotisierbar!* Natürlich geht es nicht darum, ob jeder Mensch gegen seinen Willen hypnotisierbar ist. Wir arbeiten mit Menschen, die Hilfe suchen. Diese Bereitschaft führt bei aller möglichen Skepsis oder Unsicherheit ganz sicher zu einer Trance, wenn wir uns nicht ganz ungeschickt anstellen. Selbstverständlich kann ein gesunder Mensch sich auch gegen eine Trance wehren. In der Ergotherapie können wir auch regungslos sitzen bleiben, bei einer Massage können wir die Muskeln anspannen. Massierbar ist dennoch jeder Mensch. Mit der Trance ist es dasselbe.

Gibt es Gefahren der Hypnose?

Die gibt es schon. Wir sollten immer daran denken, dass es sich um einen veränderten Zustand des Bewusstseins handelt. Es ist keine Narkose, wir sind also handlungsfähig während wir in Trance sind. Die Umgebung wird jedoch weniger beachtet und daher kann es zu unvorsichtigen Handlungen kommen, wenn wir im Zustand der Trance durch unseren Alltag gehen.

Wir haben ja bereits gesehen, dass Trancen häufig vorkommen, sogar auf der Autobahn. Gleichzeitig müssen wir beachten, dass diese Trancen nicht so tief gehen wie die vom Hypnotiseur eingeleitete. Daher müssen Hypnosen auch immer mit einer Ausleitung beendet werden. Es ist wichtig, dass der Trancezustand beendet wird, bevor unsere Klienten die Praxis verlassen. Trancetexte auf CD sind grundsätzlich kein Problem. Meine Klienten erhalten in vielen Fällen eine Teilaufzeichnung der Sitzung zum späteren Anhören zu Hause. Das kann bei einer bestimmten Vorgehensweise in der Therapiesitzung sehr oft die Wirkung deutlich erhöhen. Werden Tonaufnahmen außerhalb einer Hypnosesitzung angehört, sollte das nicht beim Autofahren geschehen. Es könnte sich eine Benommenheit oder zu starke Müdigkeit einstellen. Aufnahmen sollten nur dann gehört werden, wenn die betreffende Person etwas Zeit hat und sich dabei ruhig hinlegen oder in einen bequemen Sessel setzen kann. Im Falle einer Benommenheit, einer zu starken Müdigkeit oder gar des Einschlafens besteht so keine Gefahr. Wenn Sie also damit beginnen, die Texte einer Tranceeinleitung frei zu formulieren, tun Sie das bitte nicht unterwegs beim Autofahren! Denn auch, wenn Sie selbst dabei sprechen, erzeugt das eine Wirkung. Beim Einleiten eines Trancezustandes bei einem anderen Menschen gehen wir automatisch mit in eine leichte Trance. Das ist kaum zu vermeiden. Es stört überhaupt nicht, weil unsere Trance in der Regel sehr leicht und damit noch relativ oberflächlich ist. Sie werden jedoch schnell bemerken, dass Sie am Anfang beim freien Formulieren innerlich ruhig und durchaus etwas müde werden.

Was benötige ich zum Hypnotisieren?

Hypnosen können im Liegen, im Sitzen oder im Stehen gemacht werden. Ich empfehle, entweder im Liegen auf einer Couch, einer Luftmatratze oder einer angenehmen Liege zu üben, das ist am einfachsten. Wenn Sie einen bequemen Sessel haben, geht auch das. Der Klient sollte während der Trance jedoch immer bequem sitzen und nicht nach vorne zusammensacken. Das wird oft so im Fernsehen gezeigt und ist natürlich ein Indiz für eine bestehende Trance. Denn mit zusammengedrücktem Brustkorb fühlt sich kein Mensch wirklich wohl. In einer stabilen Trance spürt der Klient nur wenig davon. Dennoch wird er irgendwann wieder wach und soll sich dann wohl fühlen. Wenn er vorher unbequem gesessen hat, wird er es nach der Hypnose spüren. Das muss nicht sein. Wählen Sie also einen Sessel, auf dem der Klient sich zumindest leicht nach hinten lehnen kann, sodass er die ganze Zeit über ruhig dasitzt.

Hilfreich ist außerdem etwas ruhige Musik, das erleichtert den Weg in die Trance. Achten Sie darauf, dass es Instrumentalmusik ist. Texte stören bzw. können ungewollt zu Suggestionen werden und die gewünschte Wirkung beeinflussen oder sogar eine nicht erwünschte Wirkung erzeugen. Stellen Sie die Lautstärke so ein, dass beides gut zu hören ist, die Musik und Ihre Stimme als Hypnotiseur. Sprechen Sie ruhig und langsam, gerne etwas leiser als Sie das normalerweise tun. Das erhöht die Konzentration des Klienten auf Ihre Stimme und führt ihn schneller in Trance. Die Umgebungsgeräusche hört er zwar, er ist jedoch gezwungen, diese Wahrnehmung zu reduzieren. Das fördert den Blick nach Innen und die Einstellung auf die Trance. Geben Sie Ihrem Klienten außerdem eine Wolldecke. Die meisten Menschen finden es angenehmer, etwas geschützt zu sein und nicht so offen dazuliegen.

Wie arbeite ich mit diesem Buch?

Ganz alleine geht es nicht. Das dürfte aber kein Problem sein, denn für die Hypnose brauchen Sie ja sowieso einen Klienten. Suchen Sie sich also einen Verbündeten, der entweder auch gerne Hypnose erlernen, oder jemanden, der gerne von Ihnen hypnotisiert werden möchte. Dann lesen Sie die einzelnen Kapitel sorgfältig durch und machen Sie wechselseitig die beschriebenen Übungen. So erlernen oder wiederholen Sie alles Schritt für Schritt und können am Ende eine vollständige Hypnosesitzung mit einem Anwendungteil zur Entspannung machen. Nehmen Sie sich einen Tag Zeit dafür, alles auszuprobieren und die Wirkung auch an sich selbst zu spüren.

Was ist sonst noch wichtig?

Wenn Sie noch keine Ausbildung gemacht haben, buchen Sie bitte bei einem Ausbildungsinstitut oder einem Privatausbilder einen Hypnosekurs und schauen Sie einem geübten Therapeuten über die Schulter.

Und jetzt, viel Spaß mit Ihren ersten aktiv gesteuerten Trancemomenten!

Schritt 1: Einstimmung

Ein Glas Wasser vorab
Zwei Zustände stören und erschweren damit eine Hypnose: Durstgefühl und eine zu volle Blase. Ihr Probeklient und natürlich auch alle späteren Klienten sollten vor einer Hypnose ausreichend Wasser trinken, am besten kurz vorher noch ein kleines Glas. Und auf der Toilette sollte noch einmal die Blase geleert werden. Wenn es ständig zwickt und sticht, fühlt sich das nicht sehr gut an. Außerdem wird dann Konzentration auf dieses Gefühl gelenkt, was nicht gerade für das bereitwillige Fallenlassen in eine schöne Trance spricht.

Ob der wohl in Trance geht?
Sie wissen ja schon, dass jeder trancefähig ist. Außerdem ist Ihnen klar, dass der Klient während der Trance alles hört und auch sprechen kann. Aber vielleicht fragen Sie sich nun, ob es denn überhaupt funktionieren wird. Nun, es gibt da einen kleinen Trick. Wenn der Klient schon vor der eigentlichen Hypnose eine bejahende Haltung einnimmt, geht er automatisch in eine Trance, sobald wir anfangen.

- *Möchtest Du lieber im Sitzen oder im Liegen hypnotisiert werden?*
- *Soll ich etwas Musik laufen lassen, wenn ich Dich in Trance versetze?*
- *Möchtest Du Dich etwas zudecken, es könnte etwas kühl werden in Trance?*

Diese Fragen beinhalten alle die Behauptung, dass gleich eine Trance eintreten wird. Wenn der Klient nun Entscheidungen darüber fällt, wie die Umgebung dabei gestaltet werden soll, nimmt er automatisch innerlich an, dass sich die Trance auch einstellen wird.

Die Atmung ist wichtig

Wenn es dann losgeht, lassen Sie den Klienten zunächst einige Züge in Ruhe ein- und ausatmen. Nehmen Sie sein Atemtempo auf und atmen Sie in der gleichen Frequenz wie er. Das führt dazu, dass Ihre Sprechgeschwindigkeit seiner Atmung entspricht. Das beschleunigt die Hypnose.

Übung 1

> Der Klient sitzt aufrecht auf einem Stuhl mit Armlehnen und hat die Augen geschlossen. Der Hypnotiseur atmet im gleichen Rhythmus wie der Klient für einige Minuten. Dann verändert er seinen Atemrhythmus absichtlich.

> **Fragen zur Übung 1**
>
> Was passiert, wenn der Hypnotiseur die Atmung verändert?

Der Klient verändert seine Atmung auch. Sie sehen, beide stehen über die Atmung miteinander in Verbindung!

Schritt 2: Induktion der Trance

Um eine Trance herzustellen, ist es erforderlich, die Wahrnehmung der Außenwelt einzuschränken und den Fokus ganz nach innen zu richten. Das ist viel einfacher als die meisten Anfänger glauben. Wir erreichen die Fokussierung der eigenen Perspektive durch Blickkonzentration und Ermüdung der Augen. Die feste Ausrichtung des Blicks auf einen Punkt führt zu einer natürlichen Einengung des Blickfeldes. Gelingt es uns, die Augen dabei zu ermüden, stellt sich automatisch ein Bedürfnis nach Entspannung ein. Dieses Bedürfnis unterstützen wir, durch geeignete Suggestionen. Außerdem bieten wir einen passenden Ausweg an: die Trance. Wenn wir in unangenehmen Situationen stecken, suchen wir instinktiv nach einem Ausweg. Den finden wir nicht immer. Ein Klient, der sich in der Praxis auf einen Punkt konzentrieren soll, wird dies in der Regel versuchen zu erfüllen, auch wenn er sich dabei nicht sehr wohl fühlt. Zum richtigen Zeitpunkt bieten wir den ersehnten Ausweg durch relativ einfache Suggestionen an. Wir fordern den Klienten auf, bzw. wir geben ihm die Möglichkeit, in eine angenehme Trance zu gehen. Einen anderen Ausweg findet er in der Situation des Hypnotisierens meistens nicht. Daher folgt er aufgrund seines Ruhebedürfnisses bereitwillig unserem Angebot, sich einfach bei geschlossenen Augen zu entspannen. Er merkt dabei sehr schnell, dass diese Entspannung, seinem Bedürfnis entspricht. Das bereiten wir natürlich vor.

Übung 2

Der Klient sitzt aufrecht auf einem Stuhl mit Armlehnen und hat die Augen geöffnet. Der Hypnotiseur hält Daumen, Zeigefinger und Mittelfinger seiner rechten Hand an den Spitzen zusammen. Er stellt sich vor den Klienten und hält ihm in etwa 15 Zentimeter Entfernung die rechte Hand mit den Fingerspitzen auf ihn gerichtet vor die Stirn. Der Klient soll den Kopf gerade halten, sodass er bequem sitzt. Er wird aufgefordert, seinen Blick ganz konzentriert auf den Mittelpunkt der zusammengehaltenen Finger des Therapeuten zu richten und immer darauf zu bleiben. Die Finger des Hypnotiseurs werden so gehalten, dass der Klient den Blick (nur mit den Augen) leicht nach oben richten muss. Dabei spricht der Hypnotiseur den Suggestionstext auf der nächsten Seite.

Die Konzentration der Augen führt zu einer relativ schnellen Ermüdung. Das ist daran zu erkennen, dass der Klient zwischendurch die Augenlider schließt und einen leicht glasigen Blick bekommt. Durch die Fokussierung auf einen Punkt, der so nahe vor den Augen liegt, wird die visuelle Wahrnehmung der Umgebung unscharf. Auch die Finger des Therapeuten sind nicht ganz deutlich zu sehen. Sobald der Klient von selbst die Augen schließt oder dazu aufgefordert wird, weil er sich bereits schwer damit tut, sie offen zu halten, geben wir ihm die Anweisung, nun in eine schöne Entspannung zu gehen. Das entspricht genau seinem Bedürfnis, denn zumindest in den Augen möchte er ein Entspannungsgefühl herstellen.

Suggestionstext Übung 2
Halte den Kopf ganz gerade und sitze ganz bequem, so bequem wie es geht. Und richte nun den Blick genau auf den Punkt zwischen meinen Fingern. Schau' direkt auf den Mittelpunkt meiner Finger und bleibe die ganze Zeit mit Deinem Blick dort. Du kannst meine Finger erkennen und vielleicht bemerkst Du ja schon, dass der Hintergrund dabei etwas unscharf ist. Immer weiter schaust Du auf meine Finger und konzentrierst Dich ganz darauf. Das kann ziemlich anstrengend werden, wenn man so auf einen Punkt sieht. Die Augen werden dabei mit der Zeit müde und schwer und es wird richtig anstrengend, immer auf diesen Punkt zu sehen. Vielleicht denkst Du, es wäre schöner, die Augen zu schließen. Wenn Du auf das Gefühl in Deinen Augen achtest, dann spürst Du vielleicht schon das Verlangen, sie einfach zu schließen und Dich auszuruhen. Dann schließe einfach Deine Augen und gehe nun in eine schöne, angenehme Entspannung.

Wenn der Klient die Augen geschlossen hat, lassen wir ihn einige Atemzüge lang entspannen und fordern ihn dann energisch auf, wieder wach zu werden und die Augen zu öffnen. Das machen wir nach jeder Übung in diesem Buch nach folgendem Muster: *Nun wirst Du gleich wieder wach sein. Ich zähle bis drei, dann bist Du wach. Eins, zwei drei! Augen auf!* **Machen Sie das immer, auch wenn es bei der jeweiligen Übung nicht noch einmal beschrieben wird!**

Anschließend werden die Rollen getauscht und die Übung wird noch einmal durchgeführt. Gönnen Sie sich danach eine kurze Pause an der frischen Luft und trinken Sie einen Schluck Wasser. Machen Sie die Übung dann noch einmal. Diesmal allerdings soll der Hypnotiseur kein Wort sprechen. Warten Sie ab, was passiert. Wenn beide Übungspartner diese Übung gemacht haben, beantworten Sie bitte folgende Fragen.

Fragen zur Übung 2

Wie hat sich das Gefühl in den Augen verändert, solange sie geöffnet waren?

Welche Unterschiede stellen Sie fest, wenn ohne Suggestionstext gearbeitet wird?

Sie werden feststellen, dass ohne Suggestionen die gleiche Wirkung eintritt. Die Augen werden müde und es entsteht das Bedürfnis, sie zu schließen. Es dauert jedoch länger und auch die Entspannung bei geschlossenen Augen geht schneller und intensiver voran, wenn der Hypnotiseur spricht.

Schritt 3: Erste Vertiefung

Lehrgangsteilnehmer in Hypnosekursen fragen häufig, ab welchem Zeitpunkt eigentlich die Trance beginnt und wie man das erkennen kann. Nun, es gibt natürlich Trancekennzeichen. Diese deuten jedoch mehr auf eine bestimmte Trancetiefe hin, nicht auf den Beginn. Trance ist ein veränderter Bewusstseinszustand und den erreichen wir durch die Steuerung der Wahrnehmung des Klienten. Damit fangen wir in der Induktion an, genau genommen sogar schon vorher, wenn das Vorgespräch beginnt. Wir konzentrieren uns hier jedoch nur auf den Vorgang der Hypnose. Und da ist es so, dass die Trance vom ersten Moment an beginnt. Sobald wir die Finger vor die Augen des Klienten halten, lenken wir seine Perspektive. Genau das ist auch der Beginn der Trance, die natürlich zunächst nur ganz leicht ist. Wenn die Augen geschlossen werden und wir den Klienten zum Entspannen einladen, befindet er sich bereits in einer nachweisbaren Trance. Nun kommt es darauf an, diese zu vertiefen, damit eine stabile Therapietiefe erreicht wird. Damit bezeichnen wir eine mittlere Trance, in der Suggestionen und andere Impulse und Interventionen so ankommen, dass sie sich im Sinne der angestrebten Veränderung auswirken. Bei Klienten mit Hypnoseerfahrung genügt eine kurze Vertiefung. Arbeiten wir zum ersten Mal mit einem Klienten, dauert das länger. Wir vertiefen in mehreren Schritten. Dazu beginnen wir mit einer Körperentspannung, die auf natürliche Art und Weise Trance treibend wirkt. Machen Sie die Übung ohne vorherige Einleitung.

Übung 3

Der Klient liegt bequem auf der Hypnoseliege und kann die Augen schließen. Wir lassen ihn in Ruhe ein paar Atemzüge nehmen und atmen im gleichen Rhythmus mit. Dann fordern wir ihn zur Entspannung seines Körpers auf und gehen dabei vom Kopf bis Fuß mit Suggestionen an seinem Körper entlang. Wir bitten ihn einfach, bestimmte Körperteile zu entspannen und dabei in Trance zu gehen. Ein liegender Mensch entspannt sich fast immer gerne, wenn er nichts zu erledigen hat. Daher werden Aufforderungen zur Körperentspannung auch automatisch, oder besser gesagt unbewusst, zumindest teilweise befolgt. Die Entspannung, die der Klient dabei feststellt, wirkt als Katalysator für die weitere Relaxation des Körpers. Lassen Sie keine Musik dazu laufen.

Muskelentspannung ist mit verschiedenen Methoden zu erreichen. Die Jacobsen-Muskelrelaxation arbeitet beispielsweise mit einem Wechsel aus Anspannung und plötzlichem Loslassen. Das führt zu einer spontanen tieferen Entspannung der jeweiligen Muskelgruppe. Da das gesprochene Wort unser Hauptwerkzeug in der Hypnosearbeit ist, arbeiten wir auch bei der Körperentspannung damit. Wenn Sie eine gewisse Routine entwickelt haben, können Sie selbstverständlich auch andere Möglichkeiten der Körperentspannung ausprobieren.

Suggestionstext Übung 3

Nun kannst Du in aller Ruhe Deinen ganzen Körper entspannen. Jeden einzelnen Muskel kannst Du entspannen, einfach, indem Du Deine Gedanken dorthin lenkst. Beginne am Kopf und entspanne Deine Stirn, entspanne Deine Augen und Dein ganzes Gesicht. Dabei kannst Du einfach immer tiefer sinken. Entspanne Deinen Hals, entspanne Deinen Nacken. Und auch dabei kannst Du in einen schönen Zustand der inneren Ruhe und Gelassenheit gehen. Entspanne Deine Schultern, entspanne Deine Oberarme. Entspanne Deine Unterarme und auch Deine Hände. Auch mit dieser Entspannung sinkst Du immer tiefer in einen herrlichen Zustand der Ruhe und Gelassenheit. Entspanne Deinen Rücken, von oben nach unten, Zentimeter für Zentimeter. Dabei ist es ganz leicht, in eine schöne Trance zu gehen. Entspanne Deinen Bauch. Dein ganzer Oberkörper entspannt sich mehr und mehr. Und Du sinkst dabei einfach immer tiefer und tiefer. Entspanne Dein Becken, entspanne Deine Beine, die Oberschenkel und die Unterschenkel. Entspanne auch Deine Füße und dabei sinkst Du immer tiefer und tiefer hinab.

Machen Sie nach einer kurzen Pause einen weiteren Durchgang mit dem gleichen Suggestionstext, der jeweils sehr ruhig und langsam, mit vielen kleinen Pausen von einigen Sekunden vorgelesen werden sollte. Lassen Sie beim zweiten Durchgang etwas Musik im Hintergrund laufen. Wählen Sie ruhige Instrumentalmusik. Es sollte kein deutlicher Lautstärkenwechsel in der Musik vorkommen und keine gesprochenen oder gesungenen Texte. Beantworten Sie anschließend die Fragen zur Übung 3 aus Sicht des Hypnotiseurs und aus Sicht des Klienten.

Fragen zur Übung 3

Welche körperlichen Reaktionen konnten Sie während der Entspannungssuggestion spüren?

Wie hat sich die zusätzliche Musik auf den Entspannungsvorgang ausgewirkt?

In der Regel verlangsamt sich mit der Zeit die Atmung und ab und zu kommen tiefere Atemzüge dazwischen. Auch der Puls wird niedriger, was nicht immer so einfach zu beobachten ist. Mit einer ruhigen Musik im Hintergrund verläuft die Entspannung normalerweise schneller und sie geht insgesamt tiefer. Musik sollten Sie bei der Hypnosearbeit immer laufen lassen. Wenn Sie mit einem Klienten arbeiten, lassen Sie am besten von Anfang an etwas Musik laufen.

Schritt 4: Zweite Vertiefung

Nach der Körperentspannung befindet sich der Klient bereits in einer stabilen Trance, mindestens am Übergang zwischen leichter und mittlerer Trancetiefe. Um eine stabile Therapietiefe zu erreichen und aufrecht zu erhalten, begleiten wir den Klienten noch tiefer in Entspannung. Das erreichen wir durch eine zweite Vertiefung. Hierzu gibt es verschiedene Möglichkeiten. Ich stelle Ihnen in diesem Buch eine Variante vor, die sicher zu einer stabilen mittleren Trance führt. Sie können kaum etwas wirklich falsch machen, wenn Sie sich an die Erläuterungen der Übungen und die entsprechenden Suggestionstexte halten. Machen Sie die Übung, die auf der nächsten Seite beschrieben wird, zunächst einmal ohne eine vorherige Einleitung. Wenn Sie aus dem wachbewussten Zustand heraus damit beginnen, können Sie die Wirkungsweise besser einschätzen. In einem zweiten Übungsdurchgang machen Sie dann zuerst die Einleitung (Übung 2), anschließend die erste Vertiefung durch Körperentspannung (Übung 3) und dann die hier beschriebene Übung zur weiteren Vertiefung (Übung 4). Dann erleben Sie das Zusammenwirken dieser Elemente und gelangen auf sicherem Weg zu einer stabilen mittleren Trancetiefe. Die beiden vertiefenden Aspekte der folgenden Übung sind einmal das Rückwärtszählen, das wie ein Hinabsteigen wirkt, und außerdem die zu jeder Zahl gehörende Suggestion, die Entspannung fördert.

Übung 4

Der Klient liegt bequem auf der Hypnoseliege und kann die Augen schließen. Wir lassen ihn in Ruhe ein paar Atemzüge nehmen und atmen im gleichen Rhythmus mit. Dann leiten wir eine Entspannung (Vertiefung) ein, indem wir von fünf bis null zählen. Das verbindet der Klient automatisch mit dem Gefühl einer Abwärtsbewegung, beispielsweise mit dem Abwärtsgehen auf einer Treppe. Zwischen den Zahlen erhält der Klient Suggestionen, die sich auf die Verlangsamung der Atmung, das Loslassen aller gezielten Gedanken sowie auf das Ausschalten von störenden Umgebungsgeräuschen beziehen. Wir lassen als Begleitung etwas Instrumentalmusik laufen.

Suggestionstext Übung 4

Ich zähle nun von fünf bis null, und wenn ich bei null angekommen bin, wirst Du in einer schönen tiefen Trance sein.

Fünf. Achte einmal auf Deine Atmung. Du kannst ganz genau spüren, wie Dein Brustkorb sich auf und ab bewegt. Mit jedem einzelnen Atemzug. Mit jedem Einatmen nimmst Du Energie auf und mit jedem Ausatmen sinkst Du tiefer in Trance. Immer, wenn Du ausatmest, sinkst Du tiefer in Entspannung.

Vier. Lass' Deine Gedanken einfach kommen und gehen. Lass' sie einfach weiterziehen. Jeder einzelne Gedanke, den Du loslässt, bringt Dich nur noch tiefer hinab. Lass' nun alle Gedanken los und sinke dabei tiefer und tiefer.

Drei. Kein Geräusch ist nun wichtig. Alles, was Du hören kannst, zeigt Dir nur, wie gleichgültig die Umgebung schon geworden ist. Und jedes Geräusch, das Du hörst, bringt Dich nur noch tiefer in Entspannung. Auch jedes Wort, das ich sage, lässt Dich immer tiefer entspannen. Jedes einzelne Wort, immer tiefer und tiefer.

Zwei. Nun kannst Du Dein Unterbewusstsein ganz weit öffnen, ganz weit öffnest Du nun Dein Unterbewusstsein. Alle meine Worte gelangen nun direkt in Dein Unterbewusstsein. Ganz weit öffnest Du nun die Tore Deines Unterbewusstseins.

Eins. Lass' Deine Atmung immer ruhiger werden. Jeder Atemzug bringt Dich weiter in die Tiefe. Jedes Geräusch, das Du hören kannst, lässt Dich nur noch mehr entspannen. Du öffnest Dein Unterbewusstsein ganz weit und gleich entspannst Du Dich mit einem großen Schritt noch viel tiefer.

Null. Nun bist Du in einer schönen Entspannung angekommen, in einem angenehmen und ruhigen Zustand.

Es gibt zahlreiche Möglichkeiten, diesen Suggestionstext zu verändern und anzupassen. Wichtig ist, dass alle Suggestionen in die Tiefe führen. Daher baue ich immer die Atmung ein. Das Ausatmen ist mit dem Gefühl eines Sinkens verbunden, da der Brustkorb sich spürbar senkt. Dieses Gefühl des Sinkens wird vom Klienten innerlich bejaht. Automatisch folgt er dann auch der Anweisung, tiefer in Trance zu gehen. Bereits bei den Übungen sollten Sie darauf achten, unvorhergesehene Geräusche in den Suggestionstext einzubauen. Immer, wenn Geräusche auftreten, sollten Sie entweder sagen "Jedes Geräusch lässt Dich nur noch mehr entspannen" oder sie bauen es individuell ein. Ein bellender Hund wird dann zu einem "Hund, der weit entfernt bellt und Dir zeigt, dass die Umgebung immer gleichgültiger wird". Denken Sie sich einfach etwas Passendes aus.

Fragen zur Übung 4

Wie hat sich das körperliche Empfinden während der Übung verändert?

Wie unterscheiden sich beide Durchgänge der Übung in der Wahrnehmung des Klienten?

Klienten berichten meistens eine zunehmende Entspannung, die entweder mit dem Gefühl der Schwere oder mit einer Leichtigkeit verbunden ist. Dabei kann es vorkommen, dass Klienten angeben, die Unterlage, auf der sie liegen, nicht mehr zu spüren und in einen Zustand des Schwebens zu gelangen. Das ist allerdings nur dann der Fall, wenn vorher eine Einleitung (Übung 2) und eine erste Vertiefung (Übung 3) direkt hintereinander gemacht wurden und sich die Übung 4 daran anschließt. Bei einer Hypnosesitzung in der Praxis ist das häufig der Fall. Denken Sie daran: Die einzelnen Übungen dieses Buches sind Teilabschnitte einer Hypnose und werden als vollständige Hypnosesitzung einfach hintereinander durchgeführt.

Schritt 5: Fraktionierung

Der Trancezustand eines Klienten kann während der Hypnose teilweise aufgehoben werden, wobei er die Augen öffnet und ansprechbar ist. Das bedeutet nicht, dass er wieder völlig wach ist. Wenn es richtig gemacht wird, bleibt ein Teil des Bewusstseins in dem veränderten Zustand der Trance und ein Teil orientiert sich wieder zum wachbewussten Zustand hin. Diese Teilunterbrechung der Hypnose wird Fraktionierung genannt. Sie hat verschiedene Funktionen. Einerseits kann damit die Trance vertieft werden. Durch das kurzzeitige Fraktionieren und anschließende Vertiefungssuggestionen sinkt der Klient relativ schnell in eine noch tiefere Trance. Andererseits kann durch eine Fraktionierung auch sehr einfach überprüft werden, ob noch Rapport (Verbindung) zwischen Klient und Therapeut besteht und, sollte er verloren gegangen sein, kann dieser wieder hergestellt werden. Außerdem kann man den Klienten fragen, ob es ihm gut geht und er sich wohl fühlt. Fraktionierungen können jederzeit gemacht werden. Ich empfehle, die erste Fraktionierung nach der zweiten Vertiefung zu machen. Das hat die größte Wirkung für eine sorgfältige Tranceeinleitung bis zur stabilen Therapietiefe. Bei der Übung gehen wir zunächst verkürzt vor. Sie werden auch dabei die vertiefende Wirkung der Fraktionierung verspüren. Später bauen wir Fraktionierungen dann in den Gesamtablauf der Hypnose ein. Dabei entfaltet diese Technik dann eine viel intensivere Wirkung. Zunächst wollen wir die einzelnen Bausteine einer Hypnose jedoch kennen lernen.

Übung 5

Der Klient liegt bequem auf der Hypnoseliege und kann die Augen schließen. Wir lassen ihn in Ruhe ein paar Atemzüge nehmen und atmen im gleichen Rhythmus mit. Dann leiten wir noch einmal eine Entspannung (Vertiefung) ein, indem wir von fünf bis null zählen. Hierzu verwenden wir den Suggestionstext der vorherigen Übung. Anschließend befindet sich der Klient zumindest in einer leichten Trance. Für die Übung genügt das. Den Suggestionstext zur Fraktionierung lesen wir direkt im Anschluss vor und beobachten den Klienten dabei. Er wird in der Suggestion aufgefordert, die Augen zu öffnen, dabei allerdings in Trance zu bleiben. Das befolgt sein Organismus gerne, denn die Trance ist angenehmer und entspannter als der Wachzustand. Anschließend soll er wieder die Augen schließen und sich dabei noch tiefer entspannen.

Da der Klient sich noch zum größten Teil in Trance befindet, ist es etwas anstrengend, die Augen zu öffnen. In Entspannung zu bleiben, ist leichter und angenehmer. Der Klient folgt daher innerlich gerne der Anweisung, die Augen noch einmal zu schließen und dabei sehr schnell tief hinab zu sinken und in Trance zu gehen.

Suggestionstext Übung 5

Ich zähle nun von fünf bis null, und wenn ich bei null angekommen bin, wirst Du in einer schönen tiefen Trance sein.

Fünf. Achte einmal auf Deine Atmung. Du kannst ganz genau spüren, wie Dein Brustkorb sich auf und ab bewegt. Mit jedem einzelnen Atemzug. Mit jedem Einatmen nimmst Du Energie auf und mit jedem Ausatmen sinkst Du tiefer in Trance. Immer, wenn Du ausatmest, sinkst Du tiefer in Entspannung.

Vier. Lass' Deine Gedanken einfach kommen und gehen. Lass' sie einfach weiterziehen. Jeder einzelne Gedanke, den Du loslässt, bringt Dich nur noch tiefer hinab. Lass' nun alle Gedanken los und sinke dabei tiefer und tiefer.

Drei. Kein Geräusch ist nun wichtig. Alles, was Du hören kannst, zeigt Dir nur, wie gleichgültig die Umgebung schon geworden ist. Und jedes Geräusch, das Du hörst, bringt Dich nur noch tiefer in Entspannung. Auch jedes Wort, das ich sage, lässt Dich immer tiefer entspannen. Jedes einzelne Wort, immer tiefer und tiefer.

Zwei. Nun kannst Du Dein Unterbewusstsein ganz weit öffnen, ganz weit öffnest Du nun Dein Unterbewusstsein. Alle meine Worte gelangen nun direkt in Dein Unterbewusstsein. Ganz weit öffnest Du nun die Tore Deines Unterbewusstseins.

Eins. Lass' Deine Atmung immer ruhiger werden. Jeder Atemzug bringt Dich weiter in die Tiefe. Jedes Geräusch, das Du hören kannst, lässt Dich nur noch mehr entspannen. Du öffnest Dein Unterbewusstsein ganz weit und gleich entspannst Du Dich mit einem großen Schritt noch viel tiefer.

Null. Nun bist Du in einer schönen Entspannung angekommen, in einem angenehmen und ruhigen Zustand.

Fraktionierung:

Ich werde nun gleich bis drei zählen, und wenn ich bei drei angekommen bis, dann kannst Du die Augen langsam öffnen. Du bleibst dabei in einer schönen, tiefen Entspannung. Du bleibst dabei ganz entspannt. Nur Deine Augen öffnen sich. Wenn ich Dich dann bitte, die Augen wieder zu schließen, dann schließe einfach die Augen und sinke sofort noch viel tiefer, in eine schöne angenehme Trance …

> ... Eins, zwei, drei! Öffne Deine Augen! ... ...
> Nun schließ' wieder Deine Augen und sinke
> sofort noch tiefer in Trance.
>
> Ich werde nun noch einmal bis drei zählen,
> und wenn ich bei drei angekommen bis,
> dann kannst Du die Augen langsam öffnen.
> Du bleibst dabei in einer schönen, tiefen Ent-
> spannung. Du bleibst dabei ganz entspannt.
> Nur Deine Augen öffnen sich. Wenn ich Dich
> dann bitte, die Augen wieder zu schließen,
> dann schließe einfach die Augen und sinke
> sofort noch viel tiefer, in eine schöne ange-
> nehme Trance ... ... Eins, zwei, drei! Öffne
> Deine Augen! ... ... Nun schließ' wieder
> Deine Augen und sinke sofort noch tiefer in
> Trance ... ... *[mehrmals vollständig wieder-
> holen!]*

Machen Sie die Fraktionierung bei dieser Übung mehrere Male und beobachten Sie dabei den Klienten. Wiederholen Sie einfach den gleichen Text immer wieder.
Auch bei therapeutischen Anwendungen werden häufig mehrere Fraktionierungen hintereinander oder im
Verlauf der Hypnosesitzung gemacht. Denken Sie immer daran, nach jeder Übung die Ausleitung zu machen, indem Sie bis drei zählen: *Nun wirst Du gleich wieder wach sein. Ich zähle bis drei, dann bist Du wach. Eins,
zwei, drei! Augen auf!*

Achten Sie bei der Fraktionierung immer darauf, wie der Klient die Augen öffnet. Normalerweise geht das etwas schwerfällig und langsam. Öffnet er die Augen schnell und hat einen klaren Blick, dann war die Trance noch nicht sehr tief. Lassen Sie die Augen jedoch nicht zu lange geöffnet. Umgebungsreize könnten den Klienten aus der Trance weiter zurückholen als wir das wollen. Probieren Sie auch einmal aus, den Klienten bei geöffneten Augen, also im fraktionierten Zustand, zu fragen, wie es ihm geht und ob alles in Ordnung ist. Er kann sprechen, keine Angst!

Fragen zur Übung 5

Hat der Klient die Augen gerne geöffnet?

Wie hat der Klient im fraktionierten Zustand gesprochen?

Nicht nur das Öffnen der Augen fällt schwer, auch das Sprechen geht langsamer und hört sich eher mühsam an. Der Klient kann sprechen, er hat jedoch im Zustand der Trance meistens wenig Lust dazu.

Wenn Sie auch bei Wiederholung der Übung den Eindruck haben, Ihr Klient sei hellwach, dann leiten Sie ihn noch einmal ein, jedoch mit Blickfixation und Körperentspannung. Dann ist die Trance auf jeden Fall tiefer und der gewünschte Effekt ist zu erkennen.

In meiner Praxis beobachte ich, dass manche Klienten mit Fraktionierungen nichts anfangen können. Es scheint bei diesen Menschen wenig zu stören, Fraktionierungen einzubauen. Es bringt aber nicht wirklich viel. Das sind aber die wenigsten. Sollten Fraktionierungen einmal ohne Wirkung bleiben, müssen wir nicht verzweifeln. Die Hypnose gelingt trotzdem. Wir sollten uns dann nach dem Schließen der Augen etwas Zeit nehmen, die Trance mit Suggestionen zunächst einmal weiter zu vertiefen.

Schritt 6: Armkatalepsie I

Im Zustand der Trance kann einem Klienten suggeriert werden, dass er einen bestimmten Körperteil nicht mehr bewegen kann. Dabei kommt es zu einer Versteifung der Muskulatur, sodass der betreffende Körperteil, beispielsweise ein Arm nur mit einem gewissen Kraftaufwand noch bewegt werden kann. Diesen Zustand nennt man Katalepsie. Wenn ein Klient einen kataleptischen Arm hat, so könnten wir seinen angewinkelten Arm zwar noch strecken, indem wir fest daran ziehen. Er würde sich dabei allerdings etwa anfühlen wie weich gewordenes Kerzenwachs. Diese Erscheinung nennt man daher auch Flexibilitas cerea (wächserne Biegsamkeit). Solche Zustände sind vor allem bei psychotischen Krankheiten bekannt geworden, da sie dort als Symptom vorkommen. Bei der Hypnose kommt es nicht darauf an, die Körperteile des Klienten gegen den Widerstand zu bewegen. Es geht uns darum, zunächst einmal einen Arm oder auch beide durch Suggestionen so leicht werden zu lassen, dass er wie von selbst aufsteigt. Das fühlt sich etwa so an, als würde der Arm von einem Gasballon oder an einem Seil nach oben gezogen. Der Klient erlebt das Ganze als fremdgesteuert, er tut es natürlich selbst. Intuitiv kontrahiert er seine Armmuskulatur und hebt seinen Arm an. Das erfolgt im Zustand der Trance jedoch so stark vom Unterbewusstsein gesteuert, dass der Klient nicht das Gefühl hat, den Arm selbst zu heben. Es fühlt sich außerdem sehr leicht an und kostet praktisch keinen spürbaren Kraftaufwand. Schwebt nun der Arm schräg oder senkrecht in der Luft über der Hypnoseliege oder waagerecht, wenn im Stehen hypnotisiert wurde, so leiten wir eine Katalepsie ein. Wir suggerieren dem Klienten, dass sein Arm federleicht sei und er sich versteife wie eine Eisenstange. Erstaunlicherweise können Menschen in einem solchen Zustand über sehr lange Zeit hinweg die Arme hochhalten, ohne Zittern und ohne spürbaren Kraftaufwand. Warum tun wir das bei einer Hypnose? Nun, es sollte uns nicht auf Showeffekte ankommen, und wir machen keine Albernheiten mit unseren Klienten. Daher lassen wir in einer seriösen Praxis unsere Klienten nicht wiehern oder gackern und machen auch sonst keine Bühnenhypnose. Die Armkatalepsie unterscheidet sich hiervon auch ausdrücklich. Noch nie hat ein Klient eine Armhebung und Katalepsie in meiner Praxis als unangenehm oder beleidigend empfunden. Das Gegenteil ist der Fall. Klienten finden das spannend und es schafft Vertrauen in die Hypnose. Damit sind wir schon bei dem ersten Vorteil und damit auch bei dem ersten wichtigen Grund, eine Armkatalepsie in eine Hypnose einzubauen. Klienten beobachten meistens sehr gespannt, was passieren wird und fragen sich heimlich: Wird das klappen? Wird mein Arm in die Luft steigen? Ganz von alleine? Die Begeisterung ist entsprechend groß, wenn es dann gelingt. Und mit ausreichend Geduld gelingt es nahezu immer. Das führt automatisch dazu, dass auch ein skeptischer Mensch ein gewisses Vertrauen in die Hypnose gewinnt und sich denkt: *Donnerwetter, es klappt tatsächlich. Und wenn das geht, so etwas Unmögliches, dann gelingt auch alles andere!*

Damit ist sehr viel gewonnen, denn das Vertrauen in die Hypnose macht die Wirksamkeit umso größer. Der zweite Vorteil der Armkatalepsie folgt direkt aus dieser geschilderten Wirkung. Da sich der Klient innerlich darauf einstellt, dass die Hypnose wirkt, folgt er automatisch unseren weiteren Suggestionen. Das Yes-Setting hatten wir schon angesprochen. Sagt der Klient innerlich *Ja*, so folgt er unserer nächsten Anweisung ohne diese wirklich zu prüfen oder zu hinterfragen. Wir lassen den Arm also wieder beweglich werden, sodass er sich langsam auf die Unterlage senkt. Dabei sagen wir dem Klienten, was eintreten wird, sobald der Arm die Unterlage berührt. Dieser Anweisung folgt dann das Unterbewusstsein, wenn unsere Anweisung grundsätzlich leicht erfüllbar ist. Hypnoseneulinge sollten die Absenkung des Armes dazu nutzen, die Trance zu vertiefen. Wir müssen dem Klienten nur sagen, dass seine Trance viel tiefer sein wird oder doppelt so tief sein wird, wenn der Arm wieder auf der Unterlage liegt. Das wird dann auch eintreffen.

Eine Armhebung, die meist als Armlevitation bezeichnet wird, erfordert eine mittlere Trancetiefe. In einer ganz leichten Trance geschieht so etwas noch nicht, ist die Trance bereits sehr tief, funktioniert es auch nicht mehr so gut. Die Armlevitation ist daher auch ein Gradmesser der bereits vorliegenden Trance. Funktioniert es, so ist bereits eine stabile Therapietiefe erreicht. Hebt sich der Arm nicht, kann das vor allem zwei Gründe haben. Entweder die Trance ist noch zu oberflächlich oder sie ist bereits zu tief. Eine dritte Möglichkeit besteht darin, dass der Klient unter dem Einfluss von Medikamenten steht oder möglicherweise eine körperliche Krankheit hat, die stört. Das kann auch eine leichte Grippe sein. Und natürlich kann eine Armlevitation nur sehr schwer gegen den Willen des Klienten gemacht werden. Wenn sich eine Person dagegen wehrt, kann sie den Arm natürlich festhalten. In der Praxis kommt das praktisch nie vor. Klienten kommen zur Hypnose, weil sie Hilfe benötigen, nicht etwa, weil sie testen wollen, ob Hypnose stärker ist als sie selbst.

Die vollständige Armkatalepsie üben wir im zehnten Schritt bei dem Gesamtablauf der Hypnose, denn das funktioniert nur, wenn alle bereits besprochenen Schritte als Vorbereitung gemacht werden. Hier schlage ich Ihnen einmal eine ganz einfache und gleichzeitig sehr lehrreiche Übung vor. Ich höre bei Hypnoseanfängern oft Vorbehalte gegen die Armlevitation, weil befürchtet wird, der Arm könne regungslos bleiben und der Klient würde das Vertrauen dadurch verlieren. Diese Sorge ist nicht sachlich begründet. Selbst bei ausbleibender Armhebung, was wirklich selten vorkommt, habe ich noch nie gehört, dass ein Klient deshalb an der Hypnose zweifelt. Es ist wohl eher so, dass die Hypnotiseure dann an ihren eigenen Fähigkeiten zweifeln und es ihnen unangenehm ist, wenn es eben nicht gelingt. Die hier beschriebene Übung kann Ihnen helfen, liebe Leserinnen und Leser, diese Scheu zu verlieren. Sie werden sehen, wie einfach eine Armhebung sein kann. Sie benötigen nicht einmal eine Trance dazu. Machen Sie die nächste Übung mit Ihrer Versuchsperson genau wie beschrieben. Leiten Sie keinerlei Entspannungszustand ein. Sie werden staunen.

Übung 6

Der Klient steht mit geschlossenen Augen aufrecht vor Ihnen. Lassen Sie ihn beide Arme waagerecht nach vorne ausstrecken. Die linke Hand soll mit der Handfläche (Handinnenseite) nach oben gehalten werden, sodass man etwas darauf legen könnte. Die rechte Hand soll mit der Handfläche nach unten gehalten werden. Und nun suggerieren Sie dem Klienten, der die Augen weiterhin geschlossen hält, dass auf seiner linken Hand ein ganz schwerer Stein liegt. Gleichzeitig sagen Sie ihm, dass an seiner rechten Hand ein großer Gasballon zieht.

Dieses kleine Experiment zeigt sehr deutlich, dass eine veränderte Wahrnehmung in einem Körperteil sehr leicht zu suggerieren ist. Bei nahezu jedem Menschen stellt sich eine Armbewegung ein. Der linke Arm bewegt sich nach unten und der rechte nach oben. Das entspricht der Vorstellung eines schweren Gegenstandes auf der einen und eines Gasballons auf der anderen Seite. Manchmal ist die Wirkung sehr deutlich und zeigt sich durch weite Bewegungen. Bei einigen Menschen bewegen sich die Hände auch nur wenig. Die Hände sind aber so gut wie nie am Ende der Übung noch auf gleicher Höhe. Selbst, wenn wir diesen Trick schon kennen, funktioniert er bei uns selbst. Probieren Sie es aus!

Suggestionstext Übung 6

Strecke Deine Arme aus und halte sie waagerecht und locker vor dem Körper. Die linke Handfläche bitte nach oben und die rechte nach unten.

[Das kann man auch vormachen, so ist es am leichtesten!]

Nun schließ Deine Augen. Und nun stell Dir einmal vor, ich lege Dir einen schweren Stein auf die linke Hand, die nach oben zeigt. Und an die rechte Hand binde ich Dir einen ganz leichten Luftballon, der nach oben steigt.

Die linke Hand wird von einem schweren Stein nach unten gedrückt und die rechte Hand wird federleicht und steigt.

Die linke Hand wird von dem schweren Stein nach unten gedrückt und die rechte Hand wird nach oben gezogen. Der Luftballon zieht.

[Nun dranbleiben bis die Arme sich deutlich bewegen, was meistens schnell geht. Dann lassen wir die Augen öffnen.]

Das gleiche Experiment funktioniert natürlich im Zustand der Trance. Dann noch viel deutlicher und viel schneller.

Fragen zur Übung 6

Hat der Klient die Armbewegung gespürt oder war er von dem Ergebnis überrascht?

Wie nimmt es der Klient wahr, wenn die Übung wiederholt wird?

Viele Klienten bemerken die Bewegung sofort bei geschlossenen Augen. Geht die Bewegung nicht so weit, vielleicht nur zehn oder fünfzehn Zentimeter, so wird sie nicht immer bemerkt. Versuchspersonen sind dann oft über das Ergebnis erstaunt. Die Armleviation in Trance wird meistens gespürt. Bei unserem Experiment haben wir eine auf beiden Seiten gegenläufige Bewegung und das Wissen der Versuchsperson, dass sie hellwach ist. Das führt häufig dazu, dass die Bewegung nicht für möglich gehalten wird und daher auch keine Gegenwehr geleistet wird. Gerade darum funktioniert es ausgezeichnet. Bei der Wiederholung wird der Bewegungsimpuls meistens gespürt.

Schritt 7: Armkatalepsie II

Eine zweite Übung soll die spätere Armlevitation und Katalepsie vorbereiten. Dabei versuchen wir zunächst einmal einen Finger in die Katalepsie zu bringen. Dazu ist eine Trance erforderlich, die im Übergangsbereich der leichten zur mittleren Trancetiefe liegt. Unser Klient darf es sich bei der Übung auf der Liege bequem machen oder er kann locker auf einem Stuhl mit einer Armlehne sitzen. Wichtig ist, dass eine Hand locker neben dem Körper auf der Armlehne oder auf der Unterlage liegt. Dann heben wir den Mittelfinger oder den Ringfinger des Klienten an und halten ihn in waagerechter Position. Sollte der Klient den Finger selbst in dieser Position halten, würde er sehr bald etwas zittern oder sich bewegen. Wir entlasten ihn, indem wir den Finger für ihn halten, am besten, indem wir ihn an der Spitze anheben und unseren Finger darunter halten. Es geht auch mit einem Gegenstand, beispielsweise einem Kugelschreiber. Wir berühren den Finger des Klienten nur an der Spitze. Nun leiten wir eine leichte Trance ein, indem wir von zehn bis null zählen und dabei Entspannungssuggestionen geben. Gleichzeitig suggerieren wir das Festhalten und Steifwerden des Fingers. Sollte es nicht funktionieren, war die Trance nicht tief genug. Bleiben Sie dann dran, und versuchen Sie es weiter. Vertiefen Sie die Trance und es wird gelingen. Ein Finger ist leichter hochzuhalten als ein ganzer Arm. Wenn Sie bereits mit den vorherigen Übungen heute ein bisschen experimentiert haben, geht Ihre Versuchsperson ohnehin rasch in eine leichte bis mittlere Trance.

Übung 7

Der Klient liegt bequem auf der Hypnoseliege oder sitzt bequem auf einem Sessel mit einer breiten Armlehne und kann die Augen schließen. Wir halten den Zeigefinger des Klienten in waagerechter Position, indem wir ihn an der Spitze stützen. Dann leiten wir eine Entspannung ein, indem wir von zehn bis null zählen. Das verbindet der Klient innerlich mit einer Abwärtsbewegung und damit mit dem Weg in eine Trance. Wir geben dabei Suggestionen der Entspannung und Vertiefung und des Festhaltens. Bei Null angekommen lassen wir den Finger des Klienten los.

Die Katalepsie wird sich möglicherweise schon früher einstellen. Indem wir zwischendurch ganz leicht nachgeben, also unseren Haltefinger leicht nach unten bewegen, können wir testen, ob der Finger des Klienten schon alleine gehalten wird. Das leichte Hin- und Herbewegen bzw. Auf- und Abbewegen seines Fingers fordert das Unterbewusstsein außerdem zum Halten auf. Mit etwas Übung kann dieses Experiment auch mit einem Arm gemacht werden. Es dauert dann etwas länger und es müssen einige Suggestionen mehr gegeben werden. Probieren Sie es zunächst mit dem Finger, der Erfolg hilft Ihnen dann, schwierigere Aufgaben anzugehen.

Suggestionstext Übung 7

Schließe jetzt Deine Augen und gehe in eine schöne Entspannung. Ich begleite Dich in zehn Schritten in eine schöne tiefe Entspannung. Vielleicht merkst Du ja schon, dass Dein Finger etwas leichter wird. Ich hebe ihn an und dann merkst Du, dass er ziemlich leicht ist *[Anheben des Fingers und Halten!]*

Bei **zehn** atmest Du tief ein und aus und gehst in die Entspannung. Mit jedem Atemzug ein bisschen tiefer. Immer, wenn Du ausatmest, sinkst Du tiefer.

Bei **neun** kannst Du gerne ein paar Gedanken oder Bilder aufsteigen lassen, einfach aufsteigen lassen, und mit Leichtigkeit kannst Du sie betrachten, wenn Du es willst.

Bei **acht** beobachtest Du Vögel, die ganz leicht am Himmel schweben. Federleicht und nur vom Wind getragen. Sie schweben einfach und Du kommst dabei zur Ruhe.

Bei **sieben** lässt Du Deine Gedanken einfach weiterziehen. Du gehst immer tiefer in Trance und die Umgebung wird Dir egal. Du nimmst deine eigene Haltung an, Deine Haltung nimmst Du an.

Bei *sechs* weißt Du, dass Dich Geräusche nur tiefer in Trance bringen und Deine innere Haltung der Ruhe stabil werden lassen. Du bleibst völlig ruhig und genießt diese Haltung.

Bei *fünf* gehst Du immer tiefer und tiefer und Du freust Dich über die Ruhe und Stille. Du gehst in eine angenehme Ruhe und in dieser Ruhe bleibt alles, wie es ist. Du kannst alles so lassen, wie es ist.

Bei *vier* lässt Du Deinen Finger Haltung annehmen und er wird wie eine Eisenstange so starr. Du wirst ruhig und hältst diese Ruhe ganz fest und Dein Finger wird starr. Wenn Du die Ruhe festhalten kannst, kann Dein Finger auch steif werden wie eine Eisenstange und gleichzeitig ganz leicht.

Bei *drei* spürst Du, dass Dein Finger ganz starr geworden ist und dass er von einem unsichtbaren Seil hochgehalten wird. Er wird ganz starr und steif gehalten, genau in dieser Position, in der er sich jetzt befindet. Genauso wie er jetzt ist.

Bei *zwei* blendest Du die Umgebung immer mehr aus und kommst immer mehr zur inneren Ruhe und zu deiner persönlichen Haltung der Ruhe und Regungslosigkeit. Alles ist gut so, wie es ist, alles kann genauso bleiben. Du kannst immer mehr zu Dir selbst kommen, immer mehr Ruhe einstellen, wenn Du es willst, denn alles ist gut so, wie es ist.

Bei *eins* wird Dein Finger immer fester und er bleibt genau in dieser Position. Er bleibt in Deiner Haltung und er wird von einem unsichtbaren Seil festgehalten. Es zieht ihn nach oben, so bleibt er in genau dieser Position. Und Du bleibst in Ruhe, in Deiner eigenen Haltung.

Bei *null* ist alles eingerichtet, alles ist ruhig und Dein Finger bleibt starr und leicht, so wie er ist, genau so …

[Loslassen und über den Erfolg freuen]

Sollte die Übung nicht auf Anhieb funktionieren, werfen Sie bitte nicht gleich die Flinte ins Korn. Probieren Sie es erneut. Bauen Sie vielleicht eine Blickfixation ein und erweitern Sie die Suggestionen bei den einzelnen Zählschritten. So wird die Trance tiefer.

Schritt 8: Anwendung (Stressabbau)

Stressabbau ist eine sehr häufige Anwendung der Hypnosearbeit. Hypnose ist ja grundsätzlich auf Entspannung ausgerichtet. Um nun einer Person eine tiefe und nachwirkende Entspannung zu ermöglichen, sollten wir nicht einfach eine Trance einleiten und dann wieder auflösen. Ist die Trance hergestellt, so folgt der Anwendungsteil. So nenne ich den Teil der Hypnose, in dem entweder psychische Störungen oder psychosomatische Erkrankungen behandelt werden oder andere Effekte wie Entspannung oder Energieaufladung erfolgen sollen. Entspannung erreichen wir entweder durch direkte Suggestionen oder durch Fantasiereisen, die einen ruhigen Verlauf haben. Fantasiereisen haben an sich schon eine Trance induzierende Wirkung. Wenn wir eine ruhige Geschichte erzählen, geht unser Zuhörer automatisch in eine leichte Trance. Natürlich darf eine solche Geschichte nicht zu spannend sein, sonst ist die Aufmerksamkeit und Erregung zu hoch und die Trance bleibt aus. Unsere Klienten werden jedoch zunächst in eine Trance geführt, die aus allen Teilen besteht, die wir bisher besprochen und die Sie als Leserin oder Leser des Büchleins nun ausprobiert haben. Erst dann erzählen wir ihm eine Fantasiegeschichte, die oft auch als Fantasiereise oder Trancegeschichte bezeichnet wird. Solche Geschichten sollten ruhig und langsam erzählt werden. Sie können auch sehr gut vorgelesen werden. Das geht genauso. Eine Trancegeschichte zum Stressabbau habe ich auf den folgenden Seiten aufgeschrieben. Lesen Sie sie zuerst einmal ohne vorherige Trance-

einleitung. So kann Ihr Klient und, wenn Sie wechselseitig üben, können auch Sie selbst spüren, dass die Geschichte an sich schon eine entspannende Wirkung hat.
In der letzten Übung erleben Sie dann eine Trancegeschichte nach bereits eingeleiteter Trance.

Übung 8

Der Klient liegt bequem auf der Hypnoseliege und kann die Augen schließen. Wir lassen
ihn in Ruhe ein paar Atemzüge nehmen und
atmen im gleichen Rhythmus mit. Dann beginnen wir sofort mit der Trancegeschichte
(Fantasiereise). Wir lesen die Geschichte
langsam und ruhig. Es soll sich eine gewisse
Monotonie einstellen, die jedoch nicht völlig
langweilig wird.

Der Text der Fantasiereise kann einfach so vorgelesen
werden, wie er da steht. Sie können keine Fehler dabei
machen. Ich habe zwischendurch immer wieder Lücken
gelassen, die ich mit Pünktchen ausgefüllt habe ... ...
Diese sollen helfen, langsam zu lesen und Sprechpau-
sen zu machen. Versuchen Sie einfach, immer wenn die
Pünktchen dastehen, eine Pause von einigen Sekunden
zu machen.

Suggestionstext (Fantasiereise) Übung 8

Stell Dir einmal vor, Du könntest fliegen …
… einfach den Raum verlassen … und ganz
hoch über den Wolken fliegen … so wie ein
Vogel … der seine Kreise am Himmel zieht
… ganz weit … und in aller Ruhe …

Deine Gedanken kannst Du dabei sanft auf
das weiche Kissen der Wolken legen … und
die Wolken nehmen Deine Gedanken dann
mit … und tragen sie in die Ferne …

Du siehst über Dir den blauen Himmel …
die strahlende, warme Sonne … und mit
sanftem Flügelschlag schwebst Du durch die
Luft … ganz schwerelos … ganz leicht …
ganz angenehm …

Du kannst nach unten schauen … wenn Du
es willst … und alles ist ganz klein … und
ganz weit weg … alles ist unbedeutend … alles ist klein … alle Probleme … alle Sorgen
… jede Anstrengung … alles ist klein …

Von hier aus kannst Du alles viel besser betrachten … mit mehr Ruhe … mit mehr Ab-
stand … mit mehr Gelassenheit …

Du kannst über Dein Leben nachdenken …
und darüber, was Du vielleicht ändern
möchtest …

über das, was Du erreichen willst … nur für
Dich … und alles ist viel klarer hier oben …
alles viel deutlicher … und alles, was vorher
so groß war, die Hindernisse und Sorgen …
alles ist klein … alles ganz klein …

Und was vorher so weit weg war … so weit
oben … im Himmel und bei den Sternen …
das alles ist jetzt ganz nah … das alles ist hier
… das alles ist leicht …

Und dann fliegst Du mit ausgebreiteten Flü-
geln und in weiten Bahnen … und Du zählst
dabei … zehn … … … neun … … … acht …
… … sieben … … … sechs … … … fünf … …
… vier … … … drei … … … zwei … … …
eins … und alles ist leicht …

Und Du spürst hier oben … dort, wo Du
fliegst … ist alles ganz leicht … und alles er-
reichbar … alles ist möglich … wenn Du es
willst … alles ganz leicht … und das kann
ein neuer Anfang für Dich sein … alles ganz
leicht … … …

Und nun kehrst Du langsam zurück … … …
Das Leben kommt zurück in Deine Beine …
in Deinen Körper … und in Deinen Kopf …
Du bewegst Dich und wirst wieder wach …

Schritt 9: Ausleitung

Trancezustände sollten immer auch wieder aufgelöst werden, wenn die Hypnosesitzung vorbei ist. Hier wird einerseits vieles übertrieben und häufig so getan als bleibe ein Mensch, der nicht richtig aus der Trance ausgeleitet wird, für immer in diesem Zustand und würde sich tagelang merkwürdig verhalten. Das ist eine Hollywood-Fantasie, die mit einer wirklichen Hypnose nichts zu tun hat. Jeder Trancezustand löst sich von selbst auf, wenn er nicht durch Suggestionen aufrecht gehalten wird. Es ist andererseits keine so gute Idee, die Klienten ohne Tranceausleitung nach Hause zu schicken. Der Klient würde sich benommen fühlen und zum Einschlafen neigen. Das wäre sicherlich nur in den ersten Minuten der Fall. In dieser Zeit könnte jedoch einiges passieren. Meine Klienten fahren üblicherweise nach der Behandlung nach Hause und müssen daher tauglich zum Führen eines Fahrzeuges sein. Das ist selbstverständlich der Fall, wenn die Trance beendet wurde und einige Minuten vergangen sind. Leiten Sie daher die Trance immer aus. Das kann auf verschiedene Arten geschehen. Ich erläutere Ihnen hier die Ausleitung in fünf Schritten. Anschließend empfehle ich, nach spätestens einer Minute aufzustehen und ein Glas Wasser zu trinken. Das Nachgespräch hält den Klienten wach, wir geben natürlich keine Ruhesuggestionen mehr, sondern sorgen für Aufmerksamkeit und innere Aktivität des Klienten. Sollten Sie einmal den Eindruck haben, ein Klient wäre noch zu benommen nach der Hypnose, zählen Sie ihn noch einmal raus!

Übung 9

> Der Klient liegt bequem auf der Hypnoseliege und kann die Augen schließen. Wir lassen ihn in Ruhe ein paar Atemzüge nehmen und atmen im gleichen Rhythmus mit. Dann leiten wir eine Entspannung ein, indem wir eine kleine Trancegeschichte erzählen. Anschließend lösen wir die Trance durch das klassische Rauszählen auf. Dabei wird von eins bis fünf gezählt und jeweils eine Wachsuggestion gegeben.

Das Rauszählen ist sehr einfach. Es bedarf keiner intensiven Übung und falsch machen kann man auch nichts. Ausleitungen können auch in drei Schritten gemacht werden oder ganz ohne zu zählen. Probieren Sie einfach einmal beide Varianten aus. Zuerst erzählen Sie die Trancegeschichte ohne spezielle Auflösung, was grundsätzlich kein Problem ist. Das wird häufig bei Fantasiereisen in Gruppen so gemacht. Erzählen Sie die Fantasiereise anschließend noch einmal, nur dieses Mal mit der Auflösung. Vergleichen Sie den Unterschied beider Varianten. Den Suggestionstext habe ich ohne Pünktchen aufgeschrieben. Versuchen Sie diesmal, einfach langsam und ruhig zu lesen.

Suggestionstext Übung 9 - Erste Variante

Setz' Dich ganz bequem hin und stell' Dir vor, du wärst in einem Zugabteil, ganz alleine. Niemand außer Dir ist in diesem Zug, der ganz still im Bahnhof steht. Die Fenster sind geschlossen und es ist sehr leise in Deinem Abteil. Du kannst nur wenig hören von den Fahrgästen, die noch draußen stehen. So kannst Du zur Ruhe kommen und Dich einfach auf Deinem bequemen Sitz zurücklehnen. Gleich wird die Fahrt beginnen, eine Fahrt mit dem Zug durch die Nacht. Ein sanftes Rucken setzt den Zug in Bewegung und die Fahrt beginnt, ganz langsam, in ruhigem und gelassenem Tempo gleitet der Zug fast geräuschlos aus dem Bahnhof. Und als der Zug den Bahnhof verlässt, wird das Licht im Abteil immer dunkler und dunkler, gerade noch so, dass Du Dich orientieren kannst. Die Dunkelheit ist auch viel angenehmer auf so einer nächtlichen Fahrt. Wenn Du möchtest, kannst Du aus dem Fenster schauen. Da siehst Du die Lichter der Stadt. Bunte Reklameschilder und Straßenlaternen, die Lichter der Häuser. Und alles ist ganz still. Manche Lichter gehen an und aus, andere leuchten kräftig und wieder andere leuchten ganz schwach. Der Zug nähert sich mit jedem Augenblick dem Stadtrand und dabei wird es immer dunkler.

Immer mehr Lampen werden ausgeschaltet, es wird immer dunkler und dunkler und gleichzeitig immer stiller. Die letzten Häuser der Stadt liegen schon ganz im Dunkeln. Sicherlich sind die Menschen, die darin wohnen schon schlafen gegangen und liegen längst sanft in ihren Träumen. Sie ruhen sich aus und lassen es sich gut gehen, ganz angenehm und entspannt. Der Zug gleitet über die Schienen, ganz sicher, auf fester sicherer Spur in das Dunkel der Nacht hinein. Ein sanftes Schaukeln kannst Du spüren, ein gleichmäßiges, ganz minimales Vibrieren der Räder auf den Gleisen. Und die Fahrt in die Nacht hinein wird immer schneller und schneller, die Stadt liegt längst hinter Dir, weit zurück. Schneller und schneller geht die Fahrt in die Nacht hinein und es wird immer dunkler und immer ruhiger in Deinem Abteil. So ruhig, dass sich schon bald eine angenehme und erholsame Müdigkeit in Dir einstellt …

Und jetzt kehrt das Leben zurück in Deine Beine, in Deinen Körper und in Deinen Kopf. Du beginnst Dich zu bewegen und kommst zurück, in Deinem Tempo, in Deiner Geschwindigkeit und öffnest die Augen.

Suggestionstext Übung 9 - Zweite Variante

Lesen Sie den gleichen Text noch einmal, nur mit folgendem Ende:

Und jetzt werde ich Dich gleich wieder aufwecken. Dazu zähle ich bis fünf. Und wenn ich bei fünf angekommen bin, bist Du vollkommen wach und kannst die Augen öffnen. Sobald ich bei fünf bin, bist Du vollkommen wach …

… Eins … Dein Puls beschleunigt sich und nimmt Deine normalen Wachwerte an …

… Zwei … Dein Kreislauf ist stabil, Du fühlst Dich vollkommen wohl …

… Drei … Deine Atmung kommt zurück auf Dein normales Wachniveau und Du spürst, dass Du nun zurückkommst …

… Vier … Meine Stimme wird lauter und Du spürst, dass Du gleich wieder vollkommen wach bist … nur noch ein Schritt, dann bist Du wach …

… Fünf … Öffne die Augen!

Die gleiche Übung können Sie anschließend auch mit der etwas kürzeren Trancegeschichte aus Schritt 8 noch einmal ausprobieren.

Fragen zur Übung 9

Wie wirkte das Zählen während der Trance?

Bei welcher Variante fühlt sich der Klient schneller wach?

Das Zählen wird oft sogar als störend empfunden. Das jedoch ist in Ordnung, denn der ruhige Zustand der Entspannung und Trance soll ja verlassen werden. Klienten wünschen sich oft, noch etwas in diesem Zustand bleiben zu dürfen. Zählen ist ein deutliches Wachsignal.

Schritt 10: Die Hypnosesitzung

Es ist geschafft! Sie haben alle Bestandteile einer Hypnosesitzung im klassischen Verlauf kennen gelernt und geübt. Sicherlich haben Sie das in einem Hypnosekurs auch schon einmal so ähnlich gemacht. Falls Sie noch keine Ausbildung gemacht haben, empfehle ich die Teilnahme an einem Wochenendseminar oder an einer Intensivausbildung über längere Zeit. Eine Hypnose ein- und auszuleiten ist keine große Kunst. Das können die meisten Menschen lernen. Ich habe jedenfalls noch niemanden kennen gelernt, der es nicht innerhalb kurzer Zeit verstanden hätte. Einem Hypnotiseur in der Praxis oder in einem Ausbildungskurs über die Schulter zu sehen bzw. nach seinen Vorgaben und in seinem Beisein zu hypnotisieren, hat unbestreitbare Vorteile gegenüber autodidaktischem Üben. Im Vorwort habe ich ja bereits erwähnt, dass dieses Buch entweder zur Wiederholung eines Anfängerkurses oder als erstes Experimentieren für zu Hause geeignet ist. In jeder Phase der Hypnose gibt es Varianten und Tricks, die weiterhelfen, wenn es bei einem Klienten schwierig wird. Lassen Sie sich das bitte direkt zeigen, und lesen Sie natürlich auch andere Bücher zur Hypnose.

Nun wollen wir jedoch die vollständige Hypnose ausprobieren. Dazu hängen wir im Grunde genommen alle Einzelteile, die wir bereits geübt haben, hintereinander. Alle notwendigen Texte habe ich hier noch einmal zusammengestellt. Zur Armlevitation, die wir bisher noch nicht gemacht haben, sind entsprechend ausführliche Suggestionstexte enthalten.

Übung 10

> Der Klient liegt bequem auf der Hypnoseliege und kann die Augen schließen. Wir lassen ihn in Ruhe ein paar Atemzüge nehmen und atmen im gleichen Rhythmus mit. Dann folgt eine vollständige Hypnose mit Stressabbau nach dem Textmuster auf den folgenden Seiten.

Die vollständige Hypnosesitzung mit Anwendung
Der hier vorgestellte Ablauf einer Hypnosesitzung führt auf sicherem Wege zu einer Trance, die für Entspannungshypnosen oder therapeutische Anwendungen geeignet ist. Die Hypnosesitzung besteht aus folgenden Bestandteilen:

1. Einleitung
2. Erste Vertiefung durch Körperentspannung
3. Zweite Vertiefung durch Rückwärtszählen
4. Fraktionierung (weitere Vertiefung)
5. Armlevitation mit Katalepsie
6. Fraktionierung (weitere Vertiefung)
7. Armhebel abwärts
8. Anwendung (Entspannung in der Natur)
9. Ausleitung

Der folgende Text kann entweder vorgelesen werden oder als Orientierung benutzt werden. Üben Sie sobald es geht, das freie Formulieren.

Einleitung

Halte den Kopf ganz gerade und sitze ganz bequem, so bequem wie es geht. Und richte nun den Blick genau auf den Punkt zwischen meinen Fingern. Schau' direkt auf den Mittelpunkt meiner Finger und bleibe die ganze Zeit mit Deinem Blick dort. Du kannst meine Finger erkennen und vielleicht bemerkst Du ja schon, dass der Hintergrund dabei etwas unscharf ist. Immer weiter schaust Du auf meine Finger und konzentrierst Dich ganz darauf. Das kann ziemlich anstrengend werden, wenn man so auf einen Punkt sieht. Die Augen werden dabei mit der Zeit müde und schwer und es wird richtig anstrengend, immer auf diesen Punkt zu sehen. Vielleicht denkst Du, es wäre schöner, die Augen zu schließen. Wenn Du auf das Gefühl in Deinen Augen achtest, dann spürst Du vielleicht schon das Verlangen, sie einfach zu schließen und Dich auszuruhen. Dann schließe einfach Deine Augen und gehe nun in eine schöne, angenehme Entspannung.

Erste Vertiefung - Körperentspannung

Nun kannst Du in aller Ruhe Deinen ganzen Körper entspannen. Jeden einzelnen Muskel kannst Du entspannen, einfach, indem Du Deine Gedanken dorthin lenkst. Beginne am Kopf und entspanne Deine Stirn, entspanne Deine Augen und Dein ganzes Gesicht. Dabei kannst Du einfach immer tiefer sinken. Entspannen Deinen Hals, entspanne Deinen Nacken. Und auch dabei kannst Du in einen schönen Zustand der inneren Ruhe und Gelassenheit gehen. Entspanne Deine Schultern, entspanne Deine Oberarme. Entspanne Deine Unterarme und auch Deine Hände. Auch mit dieser Entspannung sinkst Du immer tiefer in einen herrlichen Zustand der Ruhe und Gelassenheit. Entspanne Deinen Rücken, von oben nach unten, Zentimeter für Zentimeter. Dabei ist es ganz leicht, in eine schöne Trance zu gehen. Entspanne Deinen Bauch. Dein ganzer Oberkörper entspannt sich mehr und mehr. Und Du sinkst dabei einfach immer tiefer und tiefer. Entspanne Dein Becken, entspanne Deine Beine, die Oberschenkel und die Unterschenkel. Entspanne auch Deine Füße und dabei sinkst Du immer tiefer und tiefer hinab.

Zweite Vertiefung - Rückwärtszählen
Ich zähle nun von fünf bis null, und wenn ich bei null angekommen bin, wirst Du in einer schönen tiefen Trance sein.

Fünf. Achte einmal auf Deine Atmung. Du kannst ganz genau spüren, wie Dein Brustkorb sich auf und ab bewegt. Mit jedem einzelnen Atemzug. Mit jedem Einatmen nimmst Du Energie auf und mit jedem Ausatmen sinkst Du tiefer in Trance. Immer, wenn Du ausatmest, sinkst Du tiefer in Entspannung.

Vier. Lass' Deine Gedanken einfach kommen und gehen. Lass' sie einfach weiterziehen. Jeder einzelne Gedanke, den Du loslässt, bringt Dich nur noch tiefer hinab. Lass' nun alle Gedanken los und sinke dabei tiefer und tiefer.

Drei. Kein Geräusch ist nun wichtig. Alles, was Du hören kannst, zeigt Dir nur, wie gleichgültig die Umgebung schon geworden ist. Und jedes Geräusch, das Du hörst, bringt Dich nur noch tiefer in Entspannung. Auch jedes Wort, das ich sage, lässt Dich immer tiefer entspannen. Jedes einzelne Wort, immer tiefer und tiefer.

Zwei. Nun kannst Du Dein Unterbewusstsein ganz weit öffnen, ganz weit öffnest Du nun Dein Unterbewusstsein. Alle meine Worte gelangen nun direkt in Dein Unterbewusstsein. Ganz weit öffnest Du nun die Tore Deines Unterbewusstseins.

Eins. Lass' Deine Atmung immer ruhiger werden. Jeder Atemzug bringt Dich weiter in die Tiefe. Jedes Geräusch, das Du hören kannst, lässt Dich nur noch mehr entspannen. Du öffnest Dein Unterbewusstsein ganz weit und gleich entspannst Du Dich mit einem großen Schritt noch viel tiefer.

Null. Nun bist Du in einer schönen Entspannung angekommen, in einem angenehmen und ruhigen Zustand.

Fraktionierung

Ich werde nun gleich bis drei zählen, und wenn ich bei drei angekommen bis, dann kannst Du die Augen langsam öffnen. Du bleibst dabei in einer schönen, tiefen Entspannung. Du bleibst dabei ganz entspannt. Nur Deine Augen öffnen sich. Wenn ich Dich dann bitte, die Augen wieder zu schließen, dann schließe einfach die Augen und sinke sofort noch viel tiefer, in eine schöne angenehme Trance ...

... Eins, zwei, drei! Öffne Deine Augen! ... ... Nun schließ' wieder Deine Augen und sinke sofort noch tiefer in Trance.

Armlevitation

... Dein rechter Arm wird nun leicht wie eine Feder ... ganz, ganz leicht ... schwerelos wird Dein Arm ... und dann hebt er sich schon gleich ... wie von selbst und beginnt, ... nach oben zu steigen ... wie von unsichtbarere Hand gezogen ... steigt Dein rechter Arm nach oben ... immer höher ... Ich binde Dir einen Luftballon an Dein Handgelenk *[kurze Berührung am Handgelenk, vorher absprechen!]* ... er zieht Deine Hand nach oben ... ein mit Gas gefüllter Ballon ... zieht ...

und zieht … an Deinem rechten Handgelenk
… *[Dranbleiben bis der Arm steigt!]*

… Nun wird Dein Arm ganz steif … und unbeweglich … federleicht ist Dein Arm … und verbleibt in dieser Stellung … unbeweglich … es ist absolut unmöglich, Deinen Arm zu bewegen … schwerelos und ganz fest ist Dein Arm … ich lege Dir einen warmen und angenehmen Gipsverband um Deinen Arm … ganz angenehm und unbeweglich ist Dein Arm …

Fraktionierung
… Ich werde nun bis drei zählen … und wenn ich bei drei angekommen bin, dann kannst Du die Augen öffnen … Dein ganzer restlicher Körper bleibt in einer tiefen Entspannung … Eins … zwei … Drei … *[Arm betrachten lassen und fragen, ob alles in Ordnung ist!]*

… Schließe nun Deine Augen und gehe in eine schöne tiefe Trance … und nun wird Dein Arm langsam wieder beweglich … und er senkt sich langsam auf die Unterlage ab … nur genauso schnell wie es Dir möglich ist, in eine doppelt so tiefe Trance zu gehen …

Anwendung: Entspannung in der Natur
Entspanne Dich nun ganz tief und stell' Dir vor, Du kannst diesen Raum verlassen und überall hin reisen. Ganz wie Du es willst.

Raum und Zeit sind nur Illusion und Du kannst überall hingehen.

Und wenn Du es Dir vorstellst, dann bist Du schon unterwegs. Der Unterschied für Dein Unterbewusstsein ist nur ganz gering. Es ist fast dasselbe. Und wenn Du Deine Vorstellung in aller Ruhe wirken lässt, dann wird sie auch schon wahr. Folge also einfach in aller Ruhe meiner Stimme. Konzentriere Dich auf meine Stimme und folge mit Deinen eigenen Gedanken einfach meiner Stimme.

Ob Du das, was ich Dir sage wahrnimmst, vielleicht in Bildern oder in Geräuschen oder ob Du es Dir nur vorstellst, in aller Stille, es wirkt gleichermaßen. Du brauchst Dich nicht zu bemühen. Alles geschieht von selbst. So, wie es gut für Dich ist.

Nun stell' Dir vor, Du befindest Dich auf einer schönen Wiese, irgendwo in der Natur. Stell' sie Dir so vor, wie sie Dir am besten gefällt. Ein sattes Grün. Eine klare, saubere und harmonische Natur. Hier kannst Du die Ruhe genießen. Die Sonne scheint angenehm und warm, gerade so, wie es für Dich am schönsten ist. Du bist ganz alleine hier und kannst die Ruhe genießen. Vielleicht gibt es Blumen auf Deiner Wiese. Vielleicht gibt es in der Nähe einen schönen Wald. Und vielleicht gibt es auch einen kleinen Bach, der durch diese Wiese fließt. Mit sauberem, klarem Wasser. Wenn Du willst, kannst Du die Strümpfe ausziehen und barfuß über die Wiese gehen. Es ist warm und der Boden fühlt sich ganz weich an. Hier gibt es nichts, das stören könnte. Alles ist gut und schön. Stell' Dir vor, wie sich das Gras unter Deinen Füßen anfühlt, sanft und weich. In aller Ruhe kannst Du über die Wiese spazieren und die angenehme Wärme genießen.

An einem schönen Platz kannst Du Dich einmal hinsetzen oder hinlegen, wenn Du willst. Einfach so ins Gras. Vielleicht gibt es ja auch eine Bank. Wenn Du es so willst, dann steht auf Deiner Wiese eine Bank und Du kannst Dich darauf setzen. Nun kannst Du einmal lauschen. Vielleicht hörst Du ja ein paar Geräusche. Vielleicht das Zwitschern eines Vogels, vielleicht das Summen eines kleinen Käfers. Herrlich ist es hier und ganz harmonisch. Diese Kraft der ruhigen Natur nimmst Du in Dir auf und alles fühlt sich gut an.

Höre, wie das Gras sich im Wind hin und her bewegt, hin und her. Ganz sanft und spüre, wie Dein Körper neue Energie auftankt. Vielleicht hast Du ja schon bemerkt, dass Deine Atmung ruhiger geworden ist und dass Dein Körper sich schon viel entspannter anfühlt als noch vor einigen Minuten. Das ist Dein Lieblingsplatz. Hier kannst Du in Ruhe durchatmen und dann bemerkst Du schon bald, dass Du mit jedem Einatmen viel frische Kraft aufnimmst. Und mit jedem Ausatmen lässt Du ein Stück weiter los und kommst in eine immer tiefere und schönere Entspannung. Hier an Deinem Lieblingsplatz kannst Du tun, was immer Du tun möchtest. Du kannst die Natur beobachten und immer tiefer erkunden. Du kannst einfach die Ruhe genießen oder einfach in der Sonne dösen. Stell' Dir einfach vor, es wäre eine ganze Stunde oder ein ganzer Tag der Ruhe und Erneuerung. Ich lasse Dich nun an diesem herrlichen Ort noch ein paar Momente Zeit, die Ruhe zu genießen, Deinen Lieblingsplatz zu erleben und ganz in Stille zu genießen. Und in einigen Minuten melde ich mich wieder. Genieße nun Deine Zeit und entspanne Dich ... *[An dieser Stelle 1-3 Minuten schweigen]*

Nun ist es an der Zeit, langsam wieder zurückzukehren, hier in diesen Raum. Du kannst Deinen Lieblingsplatz jederzeit wieder besuchen und ihn genießen. Doch nun, müssen wir zurückkehren. Du kommst langsam zurück in diesen Raum. Und gleich werde ich Dich wieder aufwecken. Halte die Augen geschlossen und bleibe entspannt und komm' nun zurück in diesen Raum. Ich werde Dich nun gleich aufwecken und wenn

Du wieder vollkommen wach bist, wird Dich die Entspannung in Deinem Körper noch weiter begleiten. Du wirst in den nächsten Tagen noch deutlich die Ruhe und Ausgeglichenheit spüren, die Dir diese kleine Reise geschenkt hat.

Ausleitung
Nun ist es Zeit, zurückzukehren hier in diesen Raum und bald wieder wach zu werden. Ich werde Dich gleich aufwecken und dazu werde ich bis fünf zählen. Und wenn ich bei fünf angekommen bin, dann bist Du vollkommen wach. Vollkommen wach und gut erholt. Sobald ich bei fünf ankomme, bist Du vollkommen wach …

… Eins … Dein Puls beschleunigt sich und nimmt wieder Deine normalen Wachwerte an …

… Zwei … Dein Kreislauf ist stabil, Du fühlst Dich vollkommen wohl …

… Drei … Deine Atmung kommt zurück auf Dein normales Wachniveau und Du spürst, dass Du nun zurückkommst …

… Vier … Meine Stimme wird lauter und Du spürst, dass Du gleich wieder vollkommen wach bist … nur noch ein Schritt, dann bist Du wach …

… Fünf … Öffne die Augen!

Schlusswort

Ich hoffe, ich konnte den Leserinnen und Lesern dieses Buches vermitteln, wie einfach eine Trance herzustellen ist und wie schön es auch sein kann, entweder in einem solchen Zustand begleitet zu werden oder auch als Hypnotiseur damit zu arbeiten. Natürlich gibt es zahlreiche Varianten der Einleitung und Vertiefung und viele Tricks und Tipps zur Anwendung der Hypnose. Nach erfolgreichem Üben mit diesem Buch sind Sie natürlich noch kein routinierter Hypnotiseur oder Hypnotiseurin. Das erwarten Sie sicherlich auch nicht. Informieren Sie sich gern in meinen Hypnosebüchern über spezielle Techniken und Anwendungen oder lassen Sie sich von mir oder von einem anderen Ausbilder in einem Kurs oder Seminar für professionelle Anwendungen ausbilden. Ich möchte aber auch alle Leser zum Experimentieren auffordern. Arbeiten Sie mit Trancegeschichten, die Sie sich selbst ausdenken. Dabei können Sie nicht sehr viel falsch machen. Und vor allem bewirken ungünstige Formulierungen nicht gleich einen Schaden. Natürlich kann eine Trancegeschichte auch dazu führen, dass eine Entspannung oder Angstreduktion oder was auch immer damit angestrebt wird, nicht möglich ist. Aber deshalb macht man es nicht gleich schlimmer. Arbeiten Sie nach Gefühl, das bringt oft mehr als tausend Ratschläge. Bemühen Sie sich um Sanftmütigkeit und Gelassenheit, das springt auf den Klienten über.

Viel Spaß mit der Hypnose und viel Erfolg!

Der Autor

Ingo Michael Simon studierte Psychologie und Pädagogik und ist Hypnosetherapeut mit Praxistätigkeiten in Südwestdeutschland und in der Schweiz. Mit Hilfe hypnosegestützter Psychotherapie behandelt er vor allem Menschen mit anhaltenden psychischen Leiden. Angststörungen aller Art und psychosomatische Erkrankungen bilden den Schwerpunkt seiner Praxistätigkeit. Zu seinen therapeutischen Angeboten gehören hauptsächlich Reframing in Trance sowie Rückführungen und Reinkarnationstherapie sowie Therapie auf der Zauberwiese. Der Autor bildet regelmäßig Heilpraktiker (Psychotherapie) aus und bereitet diese in Theorie- und Praxiskursen auf die amtsärztliche Überprüfung und die spätere therapeutische Arbeit vor.

Ausbildungskurse

Ingo Michael Simon bietet regelmäßig Ausbildungskurse zu verschiedenen Therapieformen und Themen an. Aktuelle Informationen und Termine finden Sie auf seiner Homepage *www.praxissimon.de.*

Weitere Bücher des Autors

Hypnosebücher

Simon, I. M.: Hypnosepraxis. Ein Leitfaden der Trancearbeit
Norderstedt: Books on Demand 2009. ISBN: 978-3-8370-7629-5

Simon, I. M.: Grundkurs Hypnose.
Norderstedt: Books on Demand 2009. ISBN: 978-3-8391-0170-4

Simon, I. M.: Reframing in Trance. Perspektiven mit Hypnose
ändern, Norderstedt: Books on Demand 2009.
ISBN: 978-3-8370-7639-4

Simon, I. M.: Rückführungen. Leitfaden der Reinkarnationstherapie, Norderstedt: Books on Demand 2009.
ISBN: 978-3-8370-7642-4

Simon, I. M.: Selbsthypnose. Therapie ohne Therapeut
Norderstedt: Books on Demand 2009. ISBN: 978-3-8370-9068-0

Simon, I. M.: Gruppenhypnose. Eine Anleitung für die Praxis
Norderstedt: Books on Demand 2009. ISBN: 978-3-8370-9635-4

Simon, I. M.: Wellen am Horizont. Trancegeschichten
Norderstedt: Books on Demand 2009. ISBN: 978-3-8370-8345-3

Gedichte

Simon, I. M.: Leuchtfeuer der Seele. Gedichte
Norderstedt: Books on Demand 2007. ISBN: 978-3-8370-0507-3

Heilpraktikerbücher

Simon, I. M.: Heilpraktiker für Psychotherapie. Prüfungswissen. Zur Vorbereitung auf die Amtsarztprüfung. Norderstedt: Books on Demand 2007. ISBN: 978-3-8334-9867-1

Simon, I. M.: Heilpraktiker für Psychotherapie. Die mündliche Prüfung. Prüfungsfragen auf Grundlage von Protokollen. Norderstedt: Books on Demand 2008. ISBN: 978-3-8334-9868-8

Simon, I. M.: Heilpraktiker für Psychotherapie. Die schriftliche Prüfung. Mit kommentierten Amtsarztfragen. Norderstedt: Books on Demand 2007. ISBN: 978-3-8370-0347-5

Simon, I. M.: Heilpraktiker für Psychotherapie. 20 Fallbeispiele. Diagnosetraining für die mündliche Prüfung. Norderstedt: Books on Demand 2008. ISBN: 978-3-8370-1090-0

Simon, I. M.: Endlich Heilpraktiker. Die häufigsten Irrtümer in der Psychotherapieprüfung. Norderstedt: Books on Demand 2007. ISBN: 978-3-8370-0329-1

Simon, I. M.: Übungsaufgaben Psychotherapie. Zur Vorbereitung auf den kleinen Heilpraktiker. Norderstedt: Books on Demand 2007. ISBN: 978-3-8370-0683-4

Simon, I. M.: Crashtest Psychotherapie. Zur Vorbereitung auf den kleinen Heilpraktiker. Norderstedt: Books on Demand 2007. ISBN: 978-3-8370-0709-1

Simon, I. M.: Spezialtest Psychotherapie. Für kleine und große Heilpraktiker. Norderstedt: Books on Demand 2008. ISBN: 978-3-8370-5838-3

Simon, I. M.: Heilpraktikerprüfung Psychotherapie. 200 kommentierte Aufgaben. Norderstedt: Books on Demand 2008. ISBN: 978-3-8370-6017-1

Simon, I. M.: Diagnosetraining Psychotherapie. Ein Arbeits- und Nachschlagebuch. Norderstedt: Books on Demand 2008. ISBN: 978-3-8370-4281-8

Simon, I. M.: Psychotherapie. Der Fragenkatalog. Fachwissen Heilkunde. Norderstedt: Books on Demand 2009. ISBN: 978-3-8370-5396-8

Simon, I. M.: Crashkurs Psychotherapie. Ein Kurzlehrbuch. Norderstedt: Books on Demand 2009. ISBN: 978-3-8370-6870-2

Heimstudium HPP in Buchform

Simon, I. M.: Heimstudium Heilpraktiker Psychotherapie. Teil I Norderstedt: Books on Demand 2009. ISBN: 978-3-8370-7656-1

Simon, I. M.: Heimstudium Heilpraktiker Psychotherapie. Teil II Norderstedt: Books on Demand 2009. ISBN: 978-3-8370-7657-8

Simon, I. M.: Heimstudium Heilpraktiker Psychotherapie. Teil III Norderstedt: Books on Demand 2009. ISBN: 978-3-8370-7663-9

Praxiskritik

Simon, I. M.: Das Komplott der Amtsärzte. Drama Heikundeprüfung Norderstedt: Books on Demand 2009. ISBN: 978-3-8370-6399-8

Simon, I. M.: Die Erben des Dädalus. Betrüger im Helfergewand. Norderstedt: Books on Demand 2006. ISBN: 978-3-8334-6685-4